Cynnwys

Hobïau

Beth ydy hobïau'r bobl yma?

Y   ?

Cyfres Darllen Difyr

Hwyl! Briciau … briciau … briciau
Gwahanol! Chwaraeon gwahanol
Hapus! Hwyl a gŵyl ar draws y byd
Bach! Pryfed yr ardd

Anturus! Ydych chi'n barod am antur?
Cyffrous! Chwaraeon pêl gwahanol
Heini! Rasio gwahanol
Gweithgar! Ceffylau … ceffylau … ceffylau

Cyflym! Beth sy'n symud yn gyflym?
Talentog! Beth ydy'ch talent chi?
Peryglus! Anifeiliaid peryglus
Gofalus! Anifeiliaid peryglus yn y dŵr

Golygwyd gan Non ap Emlyn
Dyluniwyd gan stiwdio@ceri-talybont.com
Mapiau gan Alison Davies, www.themappingcompany.co.uk
Cartwnau gan Roger Bowles
Rheoli ac ymchwil lluniau gan Megan Lewis a Dafydd Saunders Jones

Aelodau'r Pwyllgor Monitro: Eleri Goldsmith (AdAS); Michelle Hutchings, Ysgol Pontyclun; James Jones, Ysgol Gynradd Victoria, Wrecsam; Petra Llywelyn; Pamela Morgan, Ysgol Gynradd Baglan, Port Talbot; Anthony Parker, Ysgol Gynradd Rogiet, Sir Fynwy; Laura Price, Ysgol Gynradd Llysweri, Casnewydd a Sara Tate, Ysgol Tanyfron, Wrecsam

Noddwyd gan Lywodraeth Cymru

Cydnabyddiaethau
Hoffai'r awdur a'r cyhoeddwr ddiolch i'r canlynol am eu caniatâd i atgynhyrchu'r lluniau a'r deunydd hawlfraint yn y llyfr hwn. Mae pob ymdrech wedi'i gwneud i ganfod perchenogion hawlfraint y deunydd a ddefnyddiwyd yn y llyfr hwn. Bydd unrhyw ganiatâd hawlfraint sydd heb ei gynnwys gan y cyhoeddwr yn yr argraffiad hwn yn cael ei gydnabod mewn ail argraffiad.
Alamy: tud.13; George Atkinson: tudalen gynnwys, tudalennau 6-9; Roger Bowles: tud. 9 (cartŵn); Alison Davies: tud. 5, tud. 7, tud. 15, tud. 16, tud. 17, tud. 20, tud. 23 a thud. 24; Getty Images: tud. 10 a thud. 11; Jennifer Murray: tudalen gynnwys, tud. 22, tud. 23 a thud. 24; Rosie Swale Pope: tud. 16 a thud. 17; Jordan Romero: tud. 5; S4C – Warren Orchard: tudalennau 12-15; Jessica Watson: tudalennau 18-21.

Dringo mynyddoedd

Dyma **Jordan Romero**.

Mai 2010: Jordan Romero, 13 oed, ar gopa Everest

ffeithiau

Byw – ble:	California, America
Geni – pryd:	12 Gorffennaf 1996

Mae Jordan yn hoffi dringo.
Jordan ydy'r person mwyaf ifanc i ddringo mynydd Everest.

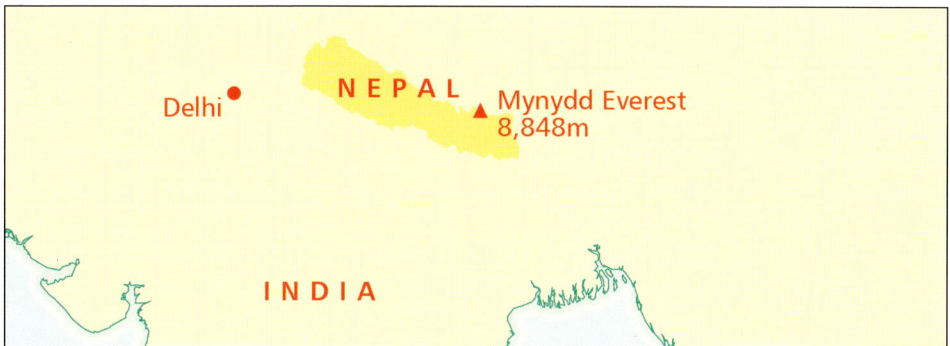

Delhi

N E P A L Mynydd Everest
8,848m

I N D I A

Dyma **George Atkinson**.

ffeithiau

Byw – ble:	Llundain
Geni – pryd:	29 Mai 1994

Mae George yn hoffi dringo.
Mae o wedi dringo yn:

Gogledd America

De America

Antarctica

Ewrop

Affrica

Asia

Awstralasia

Bobl bach! Mae o wedi dringo ar y saith cyfandir!

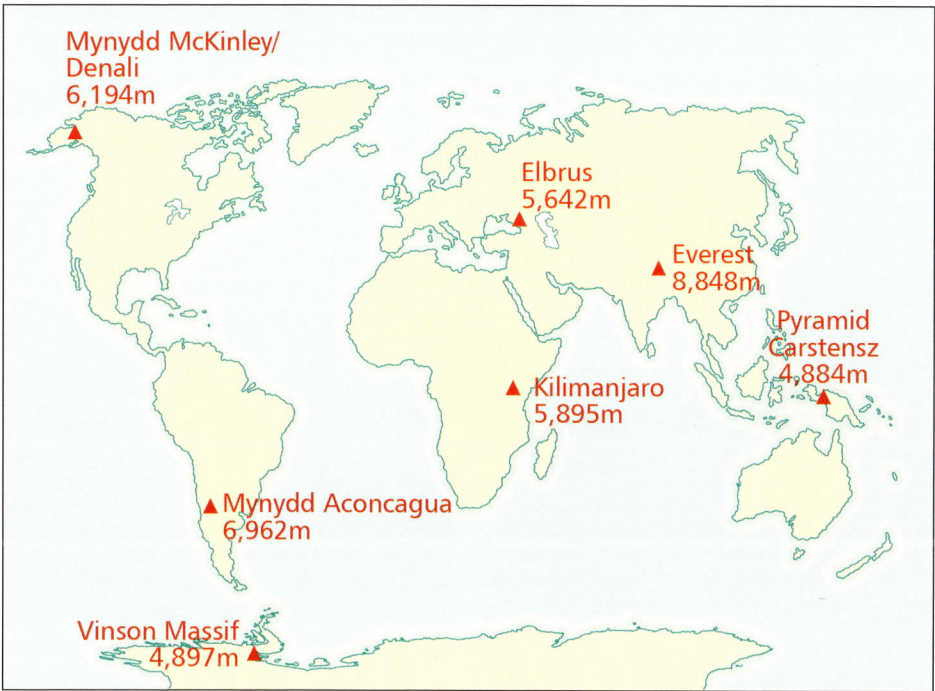

Mynydd McKinley/
Denali
6,194m

Elbrus
5,642m

Everest
8,848m

Pyramid
Carstensz
4,884m

Kilimanjaro
5,895m

Mynydd Aconcagua
6,962m

Vinson Massif
4,897m

Mae George wedi dringo'r Saith Copa - y mynydd mwyaf uchel ar bob cyfandir.

ffeithiau

Mynydd	Cyfandir	Uchder
Mynydd McKinley / Denali	Gogledd America	6,194 metr
Mynydd Aconcagua	De America	6,962 metr
Elbrus	Ewrop	5,642 metr
Vinson Massif	Antarctica	4,897 metr
Kilimanjaro	Affrica	5,895 metr
Everest	Asia	8,848 metr
Pyramid Carstensz	Awstralasia	4,884 metr

George yn dringo

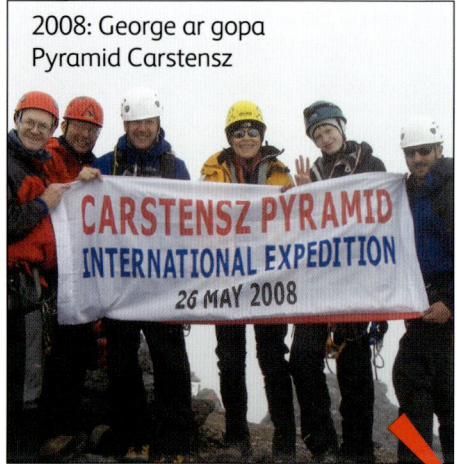

2005: George, 11 oed, ar Kilimanjaro

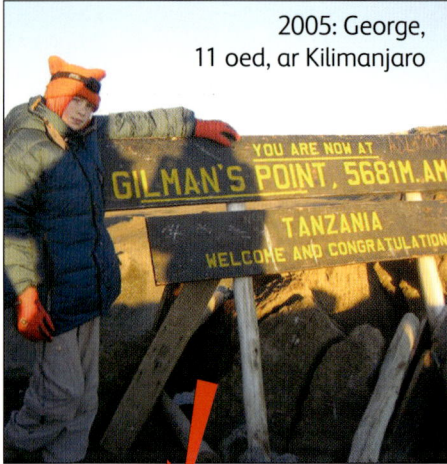

2008: George ar gopa Pyramid Carstensz

2005   **2006**   **2007**   **2**

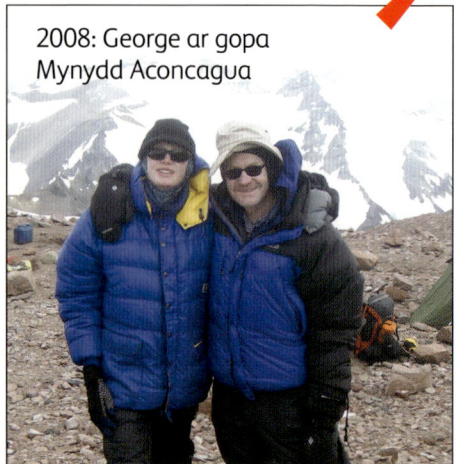

2007: George, 14 oed, ar Elbrus

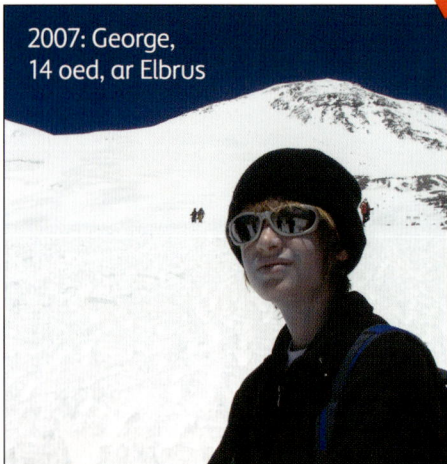

2008: George ar gopa Mynydd Aconcagua

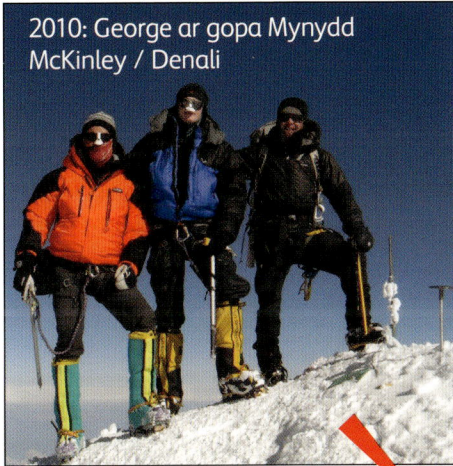

2010: George ar gopa Mynydd McKinley / Denali

8   2009   2010   2011

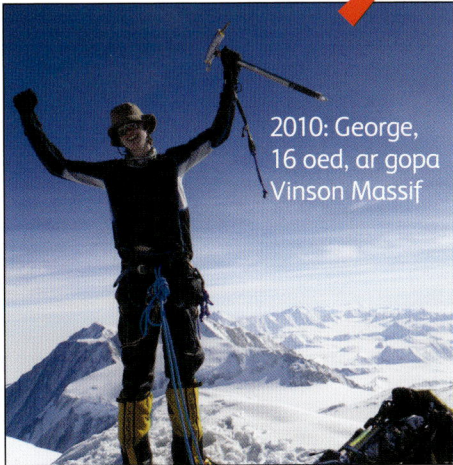

2010: George, 16 oed, ar gopa Vinson Massif

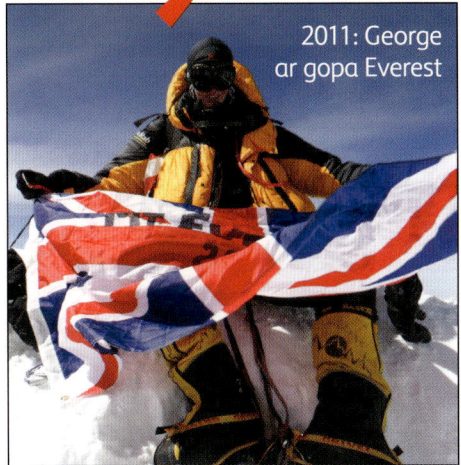

2011: George ar gopa Everest

Rhedeg

Dyma **Fauja Singh**.

ffeithiau

Geni – pryd:	1 Ebrill 1911
Geni – ble:	Punjab, India
Gwaith:	Ffermwr
Byw rŵan:	Llundain
Hoff fwyd:	Cyri sinsir

2000: Fauja Singh, 89 oed, yn rhedeg marathon am y tro cyntaf – 6 awr 54 munud.

2003: Amser gorau Fauja Singh am redeg marathon Llundain – 6 awr 2 funud.

2011: Faujah Singh, y dyn 100 oed mwyaf cyflym dros 10km a'r person hynaf i orffen marathon – 8 awr 25 munud.

2012: Rhedeg marathon Llundain yn 101 oed - 7 awr 49 munud. Dyma farathon olaf Fauja Singh.

Dyma **Lowri Morgan**.

ffeithiau

Ysgolion:	Ysgol Gynradd Bryn-y-Môr, Abertawe, Ysgol Gyfun Gŵyr ac Ysgol Uwchradd Gymraeg Ystalyfera
Offerynnau:	Piano, ffidil, fiola
Coleg:	Prifysgol Caerdydd – astudio cerddoriaeth
Hobïau:	Canu, sgïo, eirafyrddio, ôl-fyrddio, sgwba-deifio a llawer mwy
Gwaith:	Mae Lowri Morgan ar y teledu. Weithiau, mae hi ar y rhaglen *Ralïo*.

Mae Lowri wedi cael sawl antur.
Mae hi wedi deifio i weld y Titanic o dan y môr.
Sawl person sy wedi gweld y Titanic o dan y môr? 80
Sawl person o Gymru? 1 – Lowri!

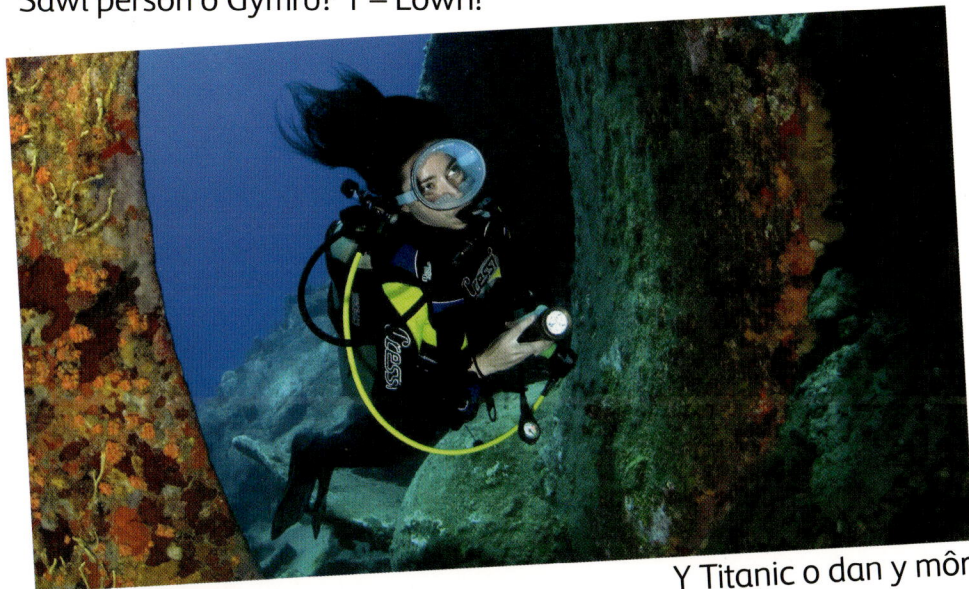

Y Titanic o dan y môr

Mae Lowri wedi rhedeg mewn sawl marathon, e.e. marathon Llundain a marathon Efrog Newydd.

Yn 2009, rhedodd Lowri mewn ras ar draws Jyngl yr Amazon. Roedd hi'n boeth iawn yno.

Roedd hi'n cario popeth mewn bag. Roedd criw teledu'n ffilmio'r ras. Enw'r rhaglen oedd *Ras yn erbyn amser.*

ffeithiau

Sawl cilometr:	222
Sawl diwrnod:	7
Sawl rhedwr yn dechrau:	120
Sawl rhedwr yn gorffen	55
Safle Lowri	10
Safle Lowri yn ras y merched	3

Yn 2011, rhedodd Lowri yn ras y 6633 Ultra yn yr Arctig. Roedd hi'n oer iawn yno.

ffeithiau

Sawl cilometr:	563
Sawl diwrnod	8 (174 awr ac 8 munud)
Sawl rhedwr yn dechrau:	12
Sawl rhedwr yn gorffen	1
Safle Lowri	1

Roedd Lowri'n cario popeth ar y sled. Roedd criw ffilmio'n gwneud rhaglen *Ras yn erbyn amser 2*. Lowri ydy'r chweched person yn y byd i orffen y ras.

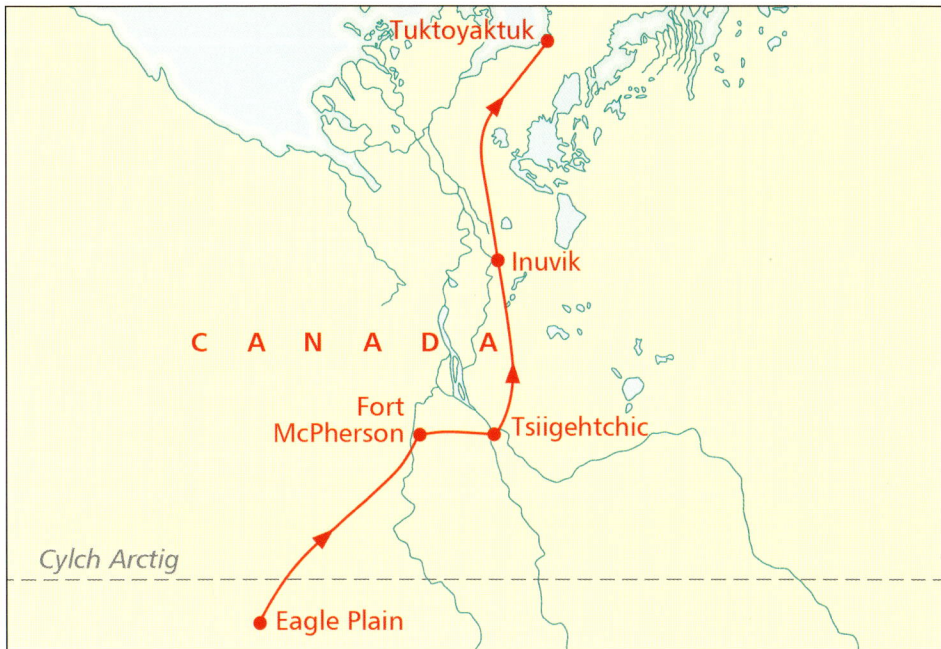

Tuktoyaktuk

Inuvik

C A N A D A

Fort McPherson

Tsiigehtchic

Cylch Arctig

Eagle Plain

Teithio o gwmpas y byd

Dyma **Rosie Swale Pope**.

ffeithiau

Geni – pryd:	1946
Geni – ble:	Y Swistir
Byw rŵan:	Ger Aberhonddu

Mae Rosie Swale Pope yn hoffi rhedeg.
Mae hi wedi rhedeg o gwmpas y byd. Bobl bach!

Sawl cilometr:	33,000 km
Sawl diwrnod:	1,789 diwrnod

Roedd Rosie yn cysgu mewn cart o'r enw Icebird. Dyma daith Rosie.

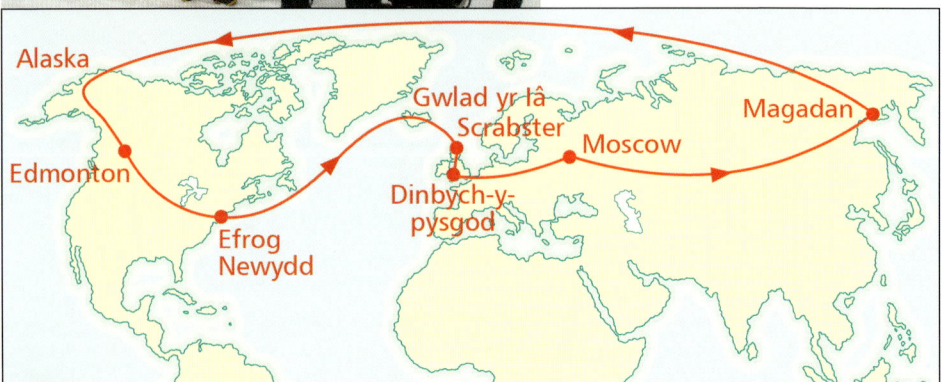

Alaska
Gwlad yr Iâ
Scrabster
Magadan
Moscow
Edmonton
Dinbych-y-pysgod
Efrog Newydd

Mae Rosie wedi hwylio o Brydain i Awstralia.
Dyma'r daith:

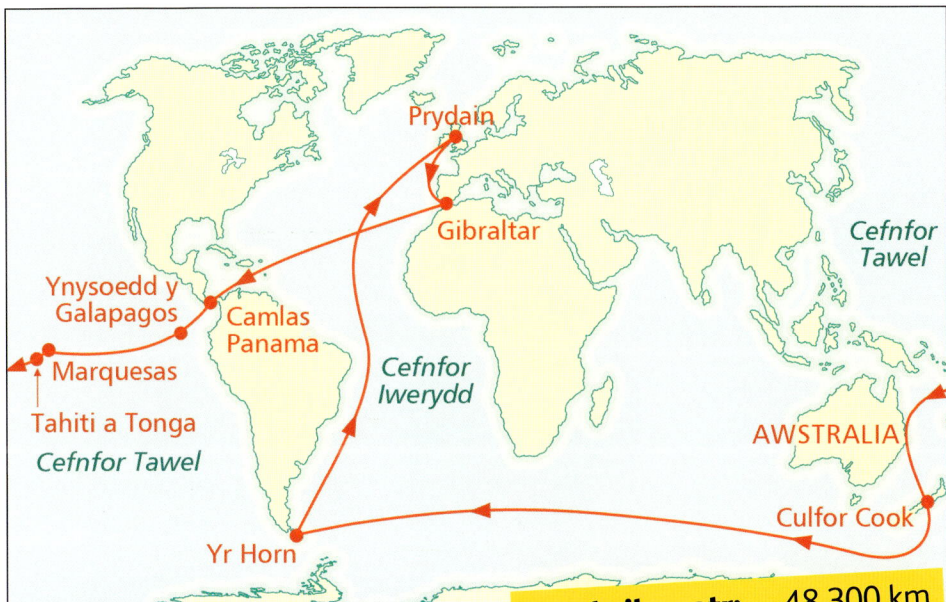

Prydain

Gibraltar

Cefnfor
Tawel

Ynysoedd y
Galapagos

Camlas
Panama

Cefnfor
Iwerydd

Marquesas

Tahiti a Tonga
Cefnfor Tawel

AWSTRALIA

Culfor Cook

Yr Horn

Sawl cilometr:	48,300 km
Sawl mis:	21 mis

Mae Rosie yn hedfan hefyd. Mae hi'n gobeithio hedfan o gwmpas y byd - y person cyntaf i redeg o gwmpas y byd ac i hedfan o gwmpas y byd. Mae hi'n gobeithio codi arian at achosion da.

Dyma Rosie yn cael croeso yn Alaska.

Rosie gyda'i theulu yn cael M.B.E.

Anturus!

Dyma **Jessica Watson**.

ffeithiau

Byw – ble:	Queensland, Awstralia
Geni – pryd:	18 Mai 1993

Mae Jessica Watson wedi teithio o gwmpas y byd hefyd. Jessica ydy'r person mwyaf ifanc i hwylio o gwmpas y byd heb stop ar ei phen ei hun.

Ffarwelio ag Ella's Pink Lady, cwch Jessica

Enw cwch Jessica oedd Ella's Pink Lady.
Mae'r cwch yn 10 metr x 3 metr. Ar y cwch roedd ...

150 litr o ddŵr

160 carton o sudd ffrwythau

32 tun o gig

64 tun o diwna

32 tun o binafal

64 tun o datws

96 pecyn o uwd

290 pryd parod

576 bar o siocled

6 potelaid o hylif golchi llestri

30 llyfr

19

Y daith

ffeithiau

Gadael Sydney:	18 Hydref 2009
Cyrraedd 'nôl yn Sydney:	15 Mai 2010
Sawl diwrnod ar y môr:	210
Sawl cilometr:	42,596 km
Oed Jessica:	16 oed

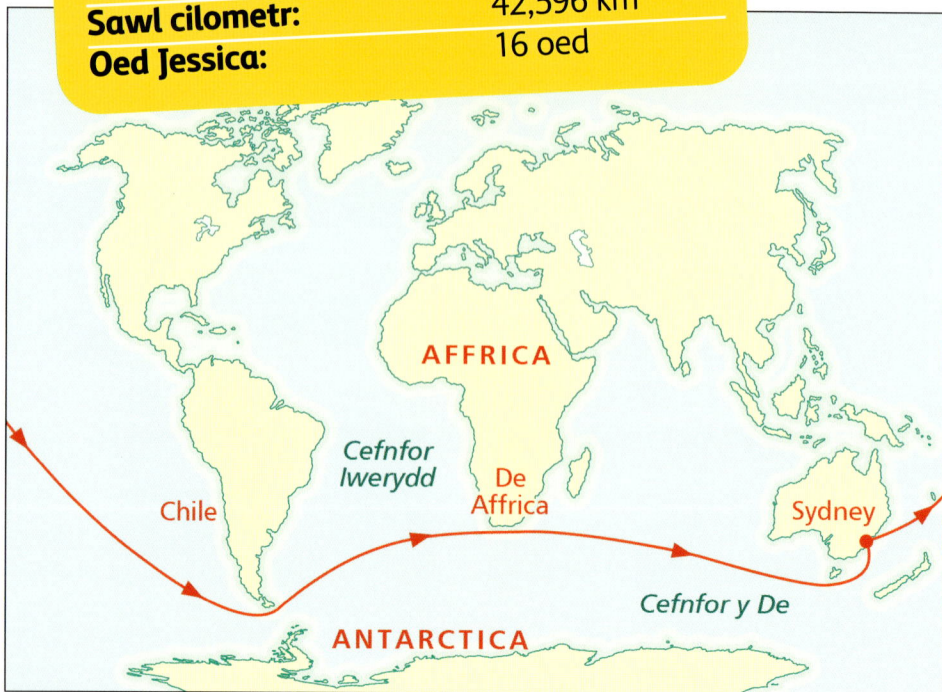

AFFRICA

Cefnfor Iwerydd

De Affrica

Chile

Sydney

Cefnfor y De

ANTARCTICA

Taith Jessica o gwmpas y byd

19 Hydref 2009
Gadael Sydney ddoe. Cysgu'n dda a mwynhau brecwast.
Wedyn, ffonio Mam. Mae'r môr yn dawel iawn. Teithio'n
araf i'r dwyrain at Seland Newydd, yna i'r gogledd at
Fiji. Wedi gweld dolffiniaid.

---

15 Tachwedd 2009
Swper blasus iawn. Defnyddio wyau sych a menyn tun i
wneud omlet. Wedyn, siarad â Mam a Dad ar y ffôn.
Tywydd yn ddiflas – niwlog iawn, ond dw i'n hapus iawn.

---

17 Mai 2010
Pen-blwydd yfory. Siopa heddiw – y tro cyntaf ers 7 mis.

Dyma
Jennifer Murray.

Mae Jennifer Murray wedi teithio o gwmpas y byd hefyd – ddwywaith. Sut: Mewn hofrennydd!

Dyma hanes Jennifer:

1994
(54 oed)   Dysgu hedfan
            hofrennydd

1997
(57 oed)   Hedfan o gwmpas y
            byd gyda Quentin
            Smith – y ferch gyntaf
            i hedfan o gwmpas y
            byd mewn
            hofrennydd;
            58,000 km; 97
            diwrnod

2000
(60 oed)   Hedfan o gwmpas y
            byd ar ei phen ei hun
            – y ferch gyntaf i
            hedfan o gwmpas y
            byd mewn
            hofrennydd ar ei phen
            ei hun; 58,000 km; 97
            diwrnod

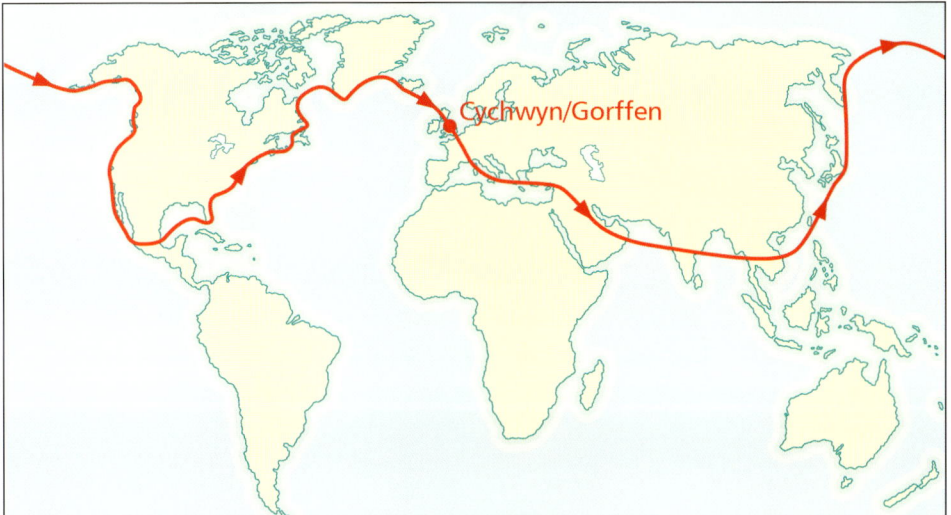

Cychwyn/Gorffen

Taith Jennifer o gwmpas y byd yn 2000

23

2007
(67 oed)   Hedfan o gwmpas y byd gyda Colin Bodill; record arall i Jennifer
            a Colin; tua 60,000 km; 171 diwrnod

Dyma daith Jennifer a Colin yn 2007.

Anturus!

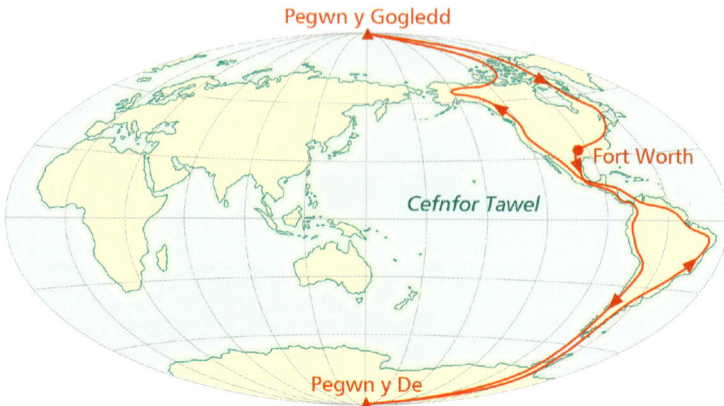

Teithiodd Jennifer a Colin drwy Begwn y De a Phegwn y Gogledd.